LA GUÍA BÁSICA DE JAVASCRIPT

Autor: Miguel A. Arias
ISBN: 978-1492278009

ÍNDICE

INTRODUCCIÓN

Mucho se habla sobre Javascript, sin embargo existe muy poca documentación en español de este lenguaje de programación.

El mayor problema es la confusión que se hace entre el lenguaje Java y el Javascript debido a la semejanza en el nombre, en la misma línea de raciocinio, se hacen la relación entre C++ y Java por la semejanza de comandos y sintaxis, aunque la implementación de algunas sintaxis y construcciones sean parecidas, son lenguajes distintos, creados para resolver problemas diferentes, y que por esto poseen capacidades diferentes, lo mismo ocurre con Java y Javascript.

Mientras el Lenguaje Java está fuertemente tipeado y posee tipos estáticos, en cambio, Javascript ofrece una reducida cantidad de tipos, es decir, el necesario para creación de pantallas dinámicas y cierta lógica en las páginas de html.

Javascript es pequeño, ligero, portable (está presente en casi todos los navegadores y en todas las plataformas en los que estos navegadores ruedan). Javascript no es un lenguaje para rodar solo, necesita de un navegador para ello.

Javascript sigue una línea de cuánto menor mejor, o sea, es pequeño en su escritura, y en la creación de objetos. Los tipos de variables son dinámicos, y posee objetos globales ya predefinidos conforme al entorno en el que se encuentra.

Inicialmente fue creado por Netscape para ser el lenguaje patrón en el navegador, para producir cierta verificación de los datos. Sin embargo con el pasar del tiempo, este fue estandarizado por la **ECMA** (European Computer Manufactures Association) (http://www.ecma-international.org) y también por ECMA-262, también reconocida por la

ISO ISO-16262.

Sin embargo este patrón no avanzó sobre los objetos públicos y sus respectivos métodos, lo que hace difícil la estandarización de programas entre navegadores.

Así que podemos crear una página que tiene un comportamiento y ofrecer a nuestros usuarios un sitio web más interactivo y dinámico.

El código JavaScript puede ser insertado en un documento HTML de dos maneras: mediante la colocación del código JavaScript como hijo de un elemento con la etiqueta script o mediante el atributo src, un elemento etiquetado como script en el que pasamos la ruta relativa o absoluta a un archivo que contiene el código JavaScript, como por ejemplo:

```html
<html >
<head >
<meta http - equiv =" Content - Type " content =" text / html ; charset =UTF -8">
<title >Prueba de cómo insertar JavaScript en HTML </ title >
<script type =" text / javascript " src =" codigo.js"></ script >
<script type =" text / javascript ">
window . onload = function (){
document . getElementById ('hola mundo '). innerHTML = 'Hola Mundo';
}
</ script >
</ head >
<body >
<p id="hola mundo"></p>
</ body >
</ html >
```

ESTRUCTURA BÁSICA DE UN PROGRAMA JAVASCRIPT

Un programa JavaScript debe ser escrito dentro de los tags <script> y script> que generalmente son escritos entre los tags <head> y head>. Pueden ser escritos también en la sección de cuerpo (<body>). Las tags <script> y script> pueden aparecer más de una vez en diferentes secciones, si es necesario. La propiedad type del ejemplo abajo es opcional.

```html
<html> <head>

<title> Página de Prueba </title>

<script language="JavaScript" type="text/javascript"> </script>
```

Puede especificar la versión del lenguaje Javascript de la siguiente manera:

```html
<script language="JavaScript 1.5">
```

Usted también puede, incorporar un archivo texto conteniendo el código JavaScript con la extensión ".js", incluyendo el código de a continuación dentro de los tags <head> y head>. No coloque los tags <script> y script> dentro del archivo ".js". Además de ayudar a organizar documentos, esa práctica permite el aprovechamiento y el reuso del código en páginas distinguidas de su web.

```
<script src="archivo.js"> </script>
```

Existe otra manera de tener un JavaScript en una página dentro del cuerpo del HTML. Observe en el ejemplo de a continuación que no existen los tags <script> y script>. El código está insertado en el evento onClick.

```
<html> <head><title> Página de Prueba </title></head>

<body>

<form>

<input type="button" onClick="alert('Ha Hecho Clic Aquí')" value="Haga Clic Aquí">
</form>
```

TIPOS DE DATOS

El Javascript posee pocos tipos de datos, siendo estos:

• **Numéricos**:

Este tipo de dato almacena valores, tanto valores enteros como de punto flotante, por ejemplo:

• 1
• 84
• 2y10
• 3.141516
• 0.000001

Los valores numéricos pueden formar parte de operaciones aritméticas, como la suma, la resta, la multiplicación y la división.

Los valores numéricos también pueden formar parte de operaciones aritméticas de bits. Como por ejemplo (>>) rotación de bits para la derecha, (<<) rotación de bits para la izquierda, (>>>) rotación de bits a la derecha sin llevar en cuenta la señal, (^) O exclusivo (= XOR), (&) operación Y binaria (= AND), (|) operación O binária (= OR), () Negación binaria (= NOT).

Existen varias funciones para la manipulación de valores numéricos, como funciones trigonométricas, funciones para el redondeo y los exponentes, funciones de transformación de tipos, etc.

Existen algunos valores numéricos especiales, son estos :

• **NaN** - En verdad NaN es la abreviación de (Not a Number) = (No un Número), este es el resultado generalmente de las operaciones inválidas con números. Como por ejemplo, el resultado de la operación (0/0), dará un resultado NaN. También es una constante, que puede ser atribuida a una variable, como veremos más adelante.

• **Infinity** - Representa un valor infinito, pudiendo ser tanto positivo como negativo. Todas las operaciones con valores infinitos darán como resultado un valor infinito, excepto la división y la resta que dará un resultado NaN.

• **Lógicos**:

Los valores lógicos pueden asumir dos valores, true (verdadero) y false (falso).

• **Strings**:

Son cadenas de carácteres, el mayor número que una string puede contener depende del navegador en uso.

Los valores strings son valores delimitados por el apóstrofo (') o por aspas ("), como por ejemplo: "texto" o 'texto' una barra inversa permite la inserción de carácteres especiales, como por ejemplo:

"\b" - Representa el backspace (carácter ascii 8)
"\t" - Tabulación (carácter ascii 9)
"\r" - Retorno de carro (carácter ascii 13)
"\n" - Nueva línea (carácter ascii 10)
"\v" - Tabulación vertical (carácter ascii 11)
"\uNNNN" - carácter unicode (NNNN representa un valor hexadecimal del 0000 al FFFF)
"\xNN" - carácter ascii (NN representa un valor hexadecimal del 00 al FF)
"\'" - Apóstrofe
"\"" - Aspas
"\\" - Barra inversa

• **Null**:

El null es un valor especial, representa un objeto nulo, no debe ser confundido con una variable no inicializada, pues el valor null existe.

Por lo tanto una variable con el contenido null existe en memoria, referenciando este objeto especial.

• **Undefined**:

El valor undefined significa que la variable no fue instanciada, inicialmente todas las variables se encuentran en este estado.

CONVERSIÓN DE TIPOS

• Atribuyendo valores

A diferencia de la mayoría de los lenguajes, Javascript define las variables dinámicamente, por lo tanto al atribuir una variable, este escoge el tipo conforme al valor pasado para la variable, no siendo necesario especificar el mismo.

```
var numero = 1;
var texto = "Manuel Sánchez Rodríguez";
var valor = 123.45; var activo= true;
var nacimiento = new Date(1969,1,4)
```

Nombre	Tipo
numero	Numerico entero
texto	string
valor	Numerico con punto flotante
activo	booleana
nacimien	objeto date

• Convirtiendo

Una variable puede ser atribuida para otro tipo, o utilizando una función de conversión o entonces haciendo operaciones aritméticas.

Como por ejemplo, cuando atribuimos al número el valor 1, este se encuentra en el tipo numérico entero, si lo dividiéramos por 2 este irá para el tipo numérico de punto flotante:

```
numero = 1; // entero 1
numero = numero / 2; // Va para flotante 0.5
numero = " " + numero; // este es convertido a string, pues está siendo sumado
a la otra string
numero = parseFloat(numero); // Este dará como resultado el número 0.5
numero = parseInt(numero); // Va para el entero 0
```

VARIABLES. DEFINICIÓN

Las variables son representadas por nombres llamados identificadores, estos identificadores tienen cierta regla para ser montados:

1° Deben empezar obligatoriamente por una letra o por el símbolo "_" o "$"
2° A partir de ahí además de letras, "_" y $ puede contener dígitos (0 hasta 9). Usted puede declarar una variable de dos formas: 1ª Atribuyendo directamente la 2ª variable,
Ejemplo nombre="Manuel";
Y 2ª Utilizando la palabra reservada "var", ejemplo
var nombre = "Manuel Sánchez Rodríguez";

Una variable o matriz que no haya sido inicializada, posee el valor de "undefined", observe que Javascript es sensible para **case-sensitive**, o sea, distingue entre letras minúsculas y mayúsculas, por lo tanto, undefined y null deben ser escritos siempre en letra minúscula.

Si una variable es declarada sólo, con el comando var, su contenido es "undefined" o NaN, si está en un contexto numérico.

Ejemplo:

var x;

x = x * 2;

el resultado será NaN. O si es usado:

x = x + "prueba"

causará un error de ejecución, pues x no tiene valor definido.

VARIABLES. ALCANCE

Si la variable es declarada fuera del cuerpo de una función, esta será considerada como pública, o sea podrá ser alcanzada por todas las funciones, si esta es declarada dentro de una función esta es considerada privada, es decir, solamente puede ser vista por el código de la función.

Ejemplo 1(variable pública):

```
var x=10; function fx(){
... podrá utilizar el valor de x ...
}function fy() {
... podrá utilizar el valor de x ...
}
```

Exemplo 2 (variable privada):

```
function fx() { var x = 5;
... podrá utilizar el valor de x ...
}
function fy() {
... x tendrá el valor undefined, o sea, que no será visto por fy...
}
```

VARIABLES. CONSTANTES

Son variables declaradas con la palabra llave "const", que no pueden sufrir alteración de su contenido y ni de su declaración en el alcance de la rutina. Ejemplo:

```
const factor = 1.34; const nombre = "Manuel"
```

si intenta efectuar una redeclaración ocurrirá un error de ejecución, ejemplo:

const factor = 1.34; var factor = 22;

VARIABLES. MATRICES

Son variables que contienen varias ocurrencias en su interior. La declaración de una variable es hecha utilizando los elementos delimitados por colchetes "[]" o por el objeto Array(), por ejemplo:

var frutas=["naranja", "banana", "pera"];
var nombres=new Array("Manuel", "Sánchez","Rodríguez"); var valores=[1.34, 10, 50, 13y2];

se pueden utilizar elementos vacíos en la declaración de una matriz, por ejemplo :

var var frutas=["naranja","banana",,"pera",,,"fresa"];

Resultado :

- frutas[0] = "naranja"
- frutas[1] = "banana"
- frutas[2] = undefined
- frutas[3] = "pera"
- frutas[4] = undefined
- frutas[5] = undefined
- frutas[6] = "fresa"

Recuerde que las matrices siempre se inician por el elemento cero (0).

length es un atributo especial que posee la cantidad de elementos de la matriz, no es una función, o sea que al utilizar frutas.length(), esto causará error.

VARIABLES. NUMÉRICAS

Existen dos categorías de números, los de notación de punto flotante y los enteros. Los primeros representan los valores fraccionados, como valores decimales, que pueden ser expresados como:

01/01/23
1y3 = 1 x 10^3 = 1000
-3.28y12 = 3.28 x 1012 = 3280000000000

1y-12 = 1 x 10-12 = 0.000000000001

Los valores enteros, pueden ser representados en base 10 (decimal), 16 (hexadecimal) o 8 (octal). Por ejemplo:

012 igual a 10 decimal, se inicia con 0, este asume que el numero es octal 0x12 igual al 18 decimal, iniciar con 0x es asumido como numero hexadecimal.
12 representa 12 decimal.

VARIABLES. STRINGS

Son secuencias de carácteres delimitados por (") aspas o (') apóstrofes. Por ejemplos:
'Manuel'
"un texto cualquiera"
"varias líneas:\nSegundaLinea \tMismaLínea con tabulación"

Al inicializar un string se pueden utilizar carácteres especiales, estos tiene una barra inversa(\) para indicar que su significado es especial, vea la siguiente tabla

\b	Representa el backspace (carácter ascii 8)
\t	Tabulación (carácter ascii 9)
\r	Retorno de carro (carácter ascii 13)
\n	Nueva Línea (carácter ascii 10)
\v	Tabulación vertical (carácter ascii 11)
\uNN	Carácter unicode (NNNN representa un valor hexadecimal del 0000 al FFFF)
\xNN	Carácter ascii (NN representa un valor hexadecimal del 00 al FF)
\0NN	Carácter ascii (NN representa un valor octal del 000 al 0377)
\'	Apóstrofe
\"	Aspas
\\	Barra inversa

OPERADORES

Operadores para modificar el contenido de una variable:

Operador	Descripción
=	Atribuye el valor a una variable
++	Incrementa el valor de una variable, x++ es lo mismo que x=x+1
--	Disminuye el valor de una variable, x-- es lo mismo que x=x-1

Operadores para comparaciones de valores:

Opera	Descripción
==	Igual
!=	Diferente
===	Estrictamente igual (verifica contenido y tipo de variable)
!==	Estrictamente diferente (verifica contenido y tipo de variable)
<	Menor que
<=	Menor o igual a
>	Mayor que
>=	Mayor o igual a

Operadores aritméticos:

Opera	Descripció
%	Módulo
+	Suma
-	Resta
*	Multiplicaci ón
/	División

Operadores lógicos:

Operad	Descripci
&&	Módulo
||	O
!	No

Operadores de bits:

Opera	Descripción
&	Operación Y
|	Operación O
^	Operación O Exclusivo
~	Operación No
>>	Rotación de bits para la derecha
<<	Rotación de bits para la izquierda
>>>	Rotación de bits para la derecha sin tomar en consideración la señal

Operadores Especiales:

Operador	Descripción
?:	Lleva a cabo la Operación condicionada, ejemplo x = a > 1 ? 3 : 4; o sea, si el valor de la variable a fuera mayor que 1, sería atribuido a x el valor 3, en caso contrario 4
,	Lleva a cabo la Operación de izquierda para la derecha siendo que el último elemento será devuelvedo. Ex: x=1, y=2;
delete variable	Elimina un objeto que esté siendo referenciado por la variable, si es la variable para una propiedad de un objeto, limpia esta referencia del objeto.
propiedad in objeto	Devuelve true en caso de que la propiedad esté contenida en el objeto
objeto instanceof TipoDelObjeto	Devuelve true en caso de que el objeto sea de determinado tipo
typeof(objeto)	Devuelve un string conteniendo el tipo del objeto

New TipoDelObjeto(p1, ...)	Crea un instancia del objeto
This	Representa la instancia del objeto concurrente
void (expresión)	Resuelve la expresión, pero ignora el valor devuelvedo

Short Circuit

Las operaciones lógicas utilizan short circuit de la siguiente forma:

```
true || qualquer coisa = true
false && qualquer coisa = false
```

Así es posible, por ejemplo, hacer la siguiente operación:

```
if (a != 0 && 1/a > 0.5) {
....
}
```

Así evitar errores de división por cero.

Otro ejemplo de la utilización, es para contornar la diferencia de los eventos del explorer y del mozilla/firefox.

```
function listener(event) {
event = event || window.event;
...
}
```

Así esta función, ya esté rodando en el IE o en un navegador utilizando Gecko, rodará de la misma forma.

FLUJO DE CONTROL

Controlando que y cuando se está ejecutando un comando, forma parte de todos los lenguajes, y Javascript no es diferente.

Existen varios comandos, que por esto son tratados como palabras reservadas y por lo tanto no deben ser utilizados como identificadores de variables o constantes.

Estos son:

- if/then/else
- while/do..while
- switch/case
- for
- label
- continue
- break
- throw
- Try/Catch/Finally

FLUJO DE CONTROL: BLOQUE DE COMANDOS

En Javascript, el bloque de comandos es una estructura para agrupar otros comandos.

El bloque de comando comienza cuando abre con la llave "{" y finaliza con lo que cierra la llave "}", el ultimo elemento no necesariamente necesita finalizar con punto y coma ";", pero si terminase con punto y coma, no tendría problemas, este ultimo punto y coma es opcional.

```
{
comando;
comando;
...
comando
}
```

o

```
{
comando;
comando;
...
comando;
}
```

FLUJO DE CONTRL: COMANDO IF...ELSE

Tal vez uno de los comandos más utilizados en todos los lenguajes de programación, el 'if' es un comando utilizado para tomar la decisión de ejecutar el próximo comando basado en una expresión lógica, si esta expresión es verdadera el próximo comando es ejecutado, de lo contrario este es ignorado.

Por ejemplo, si fuera necesario dar una alerta al usuario, conforme la hora, podemos hacer el siguiente:

```
var hora = new Date().getHours(); if (hora < 14)
alert("Buenos Días");
if (hora >= 14 && hora < 20) alert("Buenas Tardes");
if (hora >= 20) alert("Buenas Noches");
```

Note que las tres comparaciones serán hechas, independiente de la ejecución, es decir una pérdida de tiempo, pues se es de día no puede ser tarde, en este caso anexionamos la estructura del 'if' el comando 'else' que ejecuta el comando a continuación si el resultado de la expresión lógica es false, quedando nuestro código así.

```
var hora = new Date().getHours(); if (hora < 14)
alert("Buenos Días");
else if (hora >= 14 && hora < 20) alert("Buenas Tardes");
else
alert("Buenas Noches");
```

Para hacerlo más legible, podemos escribirlo de la siguiente forma:

```
var hora = new Date().getHours(); if (hora < 14) {
alert("Buenos Días");
} else {
if (hora >= 14 && hora < 20) {
alert("Buenas Tardes");
} else {
alert("Buenas Noches");
}
}
```

Así hacemos más legible al comando ejecutado, sin hablar que usando bloques de comandos podemos agrupar más de un comando

FLUJO DE CONTROL: COMANDO WHILE

Se ejecuta el comando mientras la condición resulta verdadera:

WHILE (CONDICIÓN)

COMANDO;

Igual que el anterior, sin embargo el comando es ejecutado por lo menos una vez, aunque condición sea falsa.

DO
COMANDO;
WHILE (CONDICIÓN);

FLUJO DE CONTROL: COMANDO SWITCH

Si el contenido de la variable es igual a la constante1 o constante2 será ejecutado el comando1; si fuera igual a la constante 3 será ejecutado el comando2; de lo contrario será ejecutado el comando3; note que el comando break fuerza al flujo a salir fuera del comando switch.

```
switch(variable) {
case constante1:
case constante2:
comando1;
break;
case constante3:
comando2;
break;
default: comando3;
}
```

FLUJO DE CONTROL: COMANDO FOR

for(inicialización; condición; incremento) comando;

Realiza una inicialización y enseguida ejecuta el comando mientras la condición sea verdadera, después de la ejecución del comando, se ejecuta la expresión de incremento, ejemplo:

```
for(var i=0; i < 3; i++)
alert(i);
```

es equivalente a :

```
var i=0;
while (i < 3) {
alert(i); i=i+1;
```

}

FLUJO DE CONTROL: COMANDO LABEL

Label:

Label permite que la indicación de una posición pueda ser utilizada con continúe y break para un salto dentro de un loop.

FLUJO DE CONTROL: COMANDO CONTINUE

Continue; y Continue label;

Salta o para el loop que está después del label indicado.

FLUJO DE CONTROL: COMANDO BREAK

Break; y Break label;

Sale fuera del loop corriente o del loop que esta después del label informado.

FLUJO DE CONTROL: COMANDO THROW

La expresión throw lanza una excepción.

FLUJO DE CONTROL: COMANDO TRY

Captura cualquier error que el comando lance o captura las excepciones conforme a la expresión.

En el primer caso, comando2 será ejecutado en caso de que el comando1 lance una excepción.

En el segundo si el comando3 es ejecutado si la excepción lanzada por el comando1 es igual a la expresión1, si fuera igual a la expresión2, el comando4 es ejecutado, si fuera lanzada una excepción que no sea igual ni a la expresión 1 y ni a la expresión 2 será ejecutado el comando2;

```
try {
comando1;
} catch(e) {
comando2;
}
```

ou

```
try {
comando1;
} catch(e if e==expresión1) {
comando3;
} catch(e if e== expresión 2) {
comando4;
} catch(e) {
comando2;
}
```

Ejecuta el comando1 si este lanza una excepción, ejecuta el comando 2 seguida del comando3, si el comando1 no lanza ninguna excepción, se ejecuta el comando3;

```
try {
comando1;
} catch(e) { comando2;
} finally { comando3;
}
```

FUNCIONES

El código JavaScript está habitualmente dividido en funciones, o sea, en bloques de código. Una función permite agrupar una porción de expresiones JavaScript en un bloque, designado por un determinado nombre, y pronto para ser utilizado en cualquier zona del código principal. Cuando el nombre de la función sea utilizado en el código del programa, la función es ejecutada.

Las funciones son declaradas con la palabra reservada "*function" seguido por el identificador seguido por parámetro delimitados por "(" abre paréntesis y ")" cierra paréntesis, y del cuerpo de ella que es delimitado por "{" abre llave y "}" cierra llave, por ejemplo :

```
function funcion_prueba(x) {
 return x*x;
}
```

La función es identificada por el nombre que tiene y puede ser definida con un conjunto de parámetros (valores) que son pasados al interior de la función, en la altura de la llamada de la función. Estos parámetros son utilizados como vulgares variables en el interior de la función.

Más allá de la ejecución de las expresiones colocadas en el interior de la función, esta también puede devolver un determinado valor para la expresión que llamó a la función, a través de la instrucción return.

Las funciones en JavaScript son utilizadas con dos objetivos: el primero es la estructuración del código, de forma que este sea organizado de forma eficiente y práctica, la creación de funciones evita, muchas veces, la reescritura de código, al reutilizar las líneas de código existentes en el cuerpo de la función. El segundo objetivo es la de asociar de funciones JavaScript a acontecimientos ocurridos en la página Web, denominados eventos.

Veamos un ejemplo de declaración y utilización de una función en JavaScript.

```
<script language="JavaScript">

 function suma ( x, y ) {

   var sum;

   sum = x+y;

   return (sum);

 }

 var total = suma(5,4);

 document.write("Resultado de la suma: ", total);
```

</script>

La función está definida en el tope del script, pero, sólo es llamada al final, en el cuerpo principal del código del programa. La llamada a la función (total=suma(5,4)) está hecha pasando cómo parámetros los valores "5" y "4", que son colocados en las variables "x" e "y", internas a la función en causa, no son conocidas fuera del cuerpo de la función y que, como parámetros fijos que son, no pueden ser modificados en el interior de la función. Igualmente ingresa a la función suma() la variable "sum", cuyo valor es por fin devuelto hacia el exterior de la función, utilizando para tal la instrucción "return(sum)".

El valor devuelto es colocado en la variable "total", que fue utilizada en la expresión de llamada de la función.

La reutilización de código puede ser demostrada con el ejemplo siguiente. En él es utilizada una función "fact()", que simplemente calcula el factorial de un número. En este ejemplo se pretenden calcular todos los factoriales de números entre 1 y 10, así como dar la oportunidad de calcular el factorial de un número a la elección:

```javascript
<script language="JavaScript">

function fact(num) {              // Función de Calculo del Factorial

  var res=1;                     // Variable que va a contar el resultado final

  for (var k=num; k>=1; k--) {   // Cálculo del factorial

   res *= k;                     // expresión reducida de la multiplicación

  }

  return(res);

}


// Programa principal

for (var k=1; k<=10; k++) {      // Cálculo de los factoriales entre 1 e 10

   document.write(k, "! = " , fact(k), "<br/>");

}


var x;
```

```javascript
x=prompt("Otro factorial para calcular:");

document.write(x, "! = " , fact(x));
```

```
</script>
```

La utilización de la función fact() para calcular los factoriales de los números del 1 al 10 y después la utilización de la misma función para calcular el factorial del número entrado por el utilizador, permite efectuar la reutilización de código, una vez que la alternativa sería escribir dos veces la rutina de cálculo del factorial.

Otro ejemplo de escribir el mismo código sería:

```html
<html>

<head>

<title>Calcular Factorial</title>


<script language="JavaScript">
function fact(num) {                    // Función de Calculo del Factorial

  var res=1;                            // Variable que va a contener el resultado

  for (var k=num; k>=1; k--) {          // Cálculo del factorial

    res *= k;                           // expresión reducida de la multiplicación

  }

  return(res);

}                                       // Fin de la Función


// Programa principal
function main() {


  for (var k=1; k<=10; k++) {           // Cálculo de los factoriales entre 1 e 10

    document.write(k, "! = " , fact(k), "<br/>");

  }
```

```
    var x;

    x=prompt("Otro factorial para calcular:");

    document.write(x, "! = " , fact(x));

}

</script>

</head>


<body>

<h3>Cálculo del Factorial</h3>


<script language="JavaScript">

  main();

</script>

</body>

</html>
```

En este caso, el código JavaScript fue colocado en el encabezado (header) de la página HTML, bajo la forma de funciones, estando la función principal (main()) también ubicada en esa zona.

El cuerpo de la página HTML sólo contiene, en este ejemplo, la invocación de la función main(). En muchas circunstancias, la forma de como se integran los scripts en las páginas HTML será por recursos a los llamados eventos, o sea, a la ejecución de funciones de código en respuesta a determinados sucesos en una página, como por ejemplo, un clic de ratón.

Funciones Predefinidas

Nombre	Descripción
atob(base64)	Convierte un texto codificado en base64 a binario. Es la función inversa a btoa(texto)
btoa(texto)	Convierte un texto a base64. Es la Función inversa a atob(base64).
decodeURI(url)	Función inversa a encodeURI
decodeURICompon ent(url)	Función inversa a encodeURIComponent
isFinite(valor)	Identifica si el número es finito.
isNaN(valor)	Identifica si el valor no es un numero
encodeURI(url)	Como el escape, este hace sustituciones en el texto para compatibilizar la transferencia en links, pero no hace conversión para los caracteres !*()'
encodeURICompon ent(url)	Como el escape, este hace sustituciones en el texto para compatibilizar la transferencia en links, pero no hace conversión para los caracteres ! @#$&*()=:/;?+'
escape(url)	Ajusta la url para que tenga que ser pasada en llamadas y links, conviertiendo los caracteres especiales al formato hexadecimal y espacio para la señal de+, no hace modificaciones en los caracteres @*/+ que continuan inalterados
eval(expressao)	Interpreta la expresión de JavaScript, ejemplo: eval("1+2"), resultado = 3
parseInt(String) ou parseInt(String, base)	Convierte a strin en un valor entero, o convierte un string en la base pasada para el entero.
Number(objeto)	Convierte el string en un valor de punto flotante
parseFloat(String)	Convierte el string en un valor de punto flotante
String(objeto)	Devuelve la representación string del objeto
unescape(url)	Función inversa al escape(url)

OBJETOS

OBJETOS. DEFINICIÓN

Un objeto es un conjunto de propiedades. Cada propiedad tiene un nombre y un valor. El nombre de una propiedad puede ser cualquier cadena. El valor de una propiedad puede ser cualquier valor excepto sin definir. Podemos añadir una nueva propiedad a un objeto que ya existe. Un objeto puede heredar las propiedades de otro objeto con la idea prototipo.

Pueden ser declarados con propiedades y valores delimitados por llaves "{ }" o a través de funciones. Ejemplo:

```
var persona={ nombree:"Manuel", altura:1.85,
nacimiento:new Date(1979,2,6)
};
```

o

```
function objetoPersona() { this.nombree = "Manuel"; this.altura = 1.85;
this.nacimiento = new Date(1979,2,6)
}
var persona = new objetoPersona();
```

El parámetro de mes en la creación del objeto Date inicia con 0, o sea que 1 significa febrero. Para acceder a cualquier atributo del objeto, basta informar el nombre del objeto seguido por su atributo después de un punto(.), ejemplo:

```
alert(persona.nombree); alert(persona.altura); alert(persona.nacimiento);
```

También se pueden atribuir métodos a objetos, de la siguiente forma:

```
function mostrePersona() {
alert(this.nombre + "\n" + this.altura + "\n" + this.nacimiento);
}
var persoa={ nombree:"Manuel", altura:1.85,
nacimiento:new Date(1979,2,6),
mostrar:mostrarPersona
};
```

```
persona.mostrar(); persona.nombre = "José"; persona.altura = 1.75;
persona.nacimiento = new Date(1966, 6, 12);
persona.mostrar();
```

Un objeto puede relacionarse con otros objetos a través de las propiedades. Observe el código a continuación.

```
var curso_javascript = { sigla : " Curso 1 ", nombre : " Curso de Javascript",
 cursos : [
{ sigla : " Curso 2 ", nombre : " Javascript y los Objetos "},
{ sigla : " Curso 3 ", nombre : " Integración de Javascript "},
]
};
```

La jerarquía de los objetos

La programación JavaScript ofrece una jerarquía de objetos en un navegador Web permitiendo al código obrar recíprocamente con los elementos de una página. El diagrama de a continuación ilustra el subconjunto de los principales objetos del modelo del lenguaje JavaScript. El objeto Window (Ventana actual) es el objeto central que representa la ventana del navegador web. Él posee una serie de objetos hijos (Location, Document, History y otros).

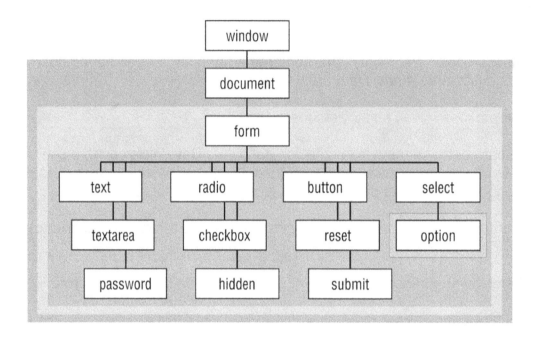

Cada objeto contiene una propiedad de documento que se refiere al objeto documento asociado a la ventana. El objeto Window es referenciado por defecto. Eso significa que para usar uno de sus objetos hijo o propiedades, basta mencionar al objeto hijo, como en el ejemplo a continuación:

document.forms[1].elements[0]

El objeto Window también posee varios métodos como alert(), confirm() y prompt().

alert("Este es un mensaje de prueba");

Esto es lo mismo que hacer:

window.alert("Este es un mensaje de prueba");

Objetos Literales y Constructores

Existen dos maneras de crear objetos JavaScript y mucha gente las confunde o cree que son la misma cosa. Sin embargo, los Objetos Literales y las Funciones Constructoras son conceptos diferentes y entenderlos va a hacer que usted le saque el mejor provecho del lenguaje.

Objetos Literales

Este es el tipo básico de objetos JavaScript. Es el formato popularizado a través del JSON (JavaScript Object Notation). El objeto es creado utilizando un par de llaves:

```
var tableless = {
init: function (articulos) {
this.articulos = articulos;
}
};
var tableless2 = tableless;
```

Todo objeto literal es un objeto único y, aunque usted almacene en él diferentes variables, todas apuntarán al mismo objeto. En el ejemplo de arriba, si usted modifica/añade propiedades en cualquiera una de las variables (tableless o tableless2), las modificaciones valen para ambas.

Su uso es recomendado en situaciones donde no pueden existir más de una instancia del objeto, como por ejemplo, objetos de configuraciones del proyecto o colecciones de objetos. Además de eso, este tipo de notación es muy utilizado para definir el namespace de su código JavaScript.

```
// Objeto Literal definiendo namespace

var tableless = tableless || {};

// Construtor para el Artículo utilizando el namespace tableless

tableless.Articulo = function (titulo) {
this.titulo = titulo;
};
var articulo = new tableless.Artigo('Esto es un Artículo sobre JavaScript');
```

Contructores

Un constructor no es más que una función. Esta puede ser ejecutada como una función o puede ser utilizada para instanciar un objeto utilizando la palabra reservada new.

Si usted ejecute la función como una llamada normal, intente realzar el this dentro de la función, en ese contexto, será el objeto global window.

```
function Categoria(nombre) {
this.nombre = nombre;
}

var categoria = new Categoria('Libros');
```

Al ejecutar la función Categoría con new estamos haciendo cuatro cosas:

1. creamos un nuevo objeto JavaScript ;
2. definimos el constructor del objeto categoría como Categoría – definiendo también el tipo de él (retornado en el instanceof);
3. definimos el prototipo del objeto categoría como Categoría.prototype;
4. ejecutamos la función Categoría dentro del alcance del nuevo objeto, creando así una nueva instancia.

Una otra particularidad de las funciones constructoras es la posibilidad de crear métodos y propiedades privadas.

```
function Categoria(nombre) {
var totalProductos = 0,
self = this,
actualizarTotalProductos() {
self.totalProductos += 1;
};
this.nombre = nombre;
actualizarTotalProductos();
}
```

La variable totalProductos y el método actualizarTotalProductos sólo existen en el alcance del objeto Categoría creado y pueden ser utilizados sólo por métodos del objeto.

Aquí utilizamos un "ruco importante. Como cada función posee su propio contexto y el this dentro del método actualizarTotalProductos referencia a la propia función y no al objeto Categoría necesitamos almacenar el contexto del objeto dentro de la variable self. (Otra forma sería utilizar los métodos call y aply para definir el this de la función)

Utilizando la cadena de prototipos, podemos actualizar propiedades o insertar nuevos métodos en objetos creados a partir de funciones constructoras.

```
Categoria.prototype.mostrarProductos = function () {
var html = '',
i;
for (i = 0; i < this.productos.length; i++) {
html += this.productos[i].nombre;
}
return html;
};
```

El código de arriba añade el método mostrarProductos al prototipo de Categoría y también a todos los objetos de la cadena, instanciados o no.

Las funciones constructoras, por lo tanto, son ideales para los objetos que pueden existir cómo múltiples instancias en el mismo contexto.

Una observación: para organizar mejor su código una buena práctica es la de utilizar la primera letra mayúscula en los nombres de funciones constructoras, diferenciándolas de las funciones comunes.

Entender conceptos de orientación a objetos en JavaScript puede llevar un poco de tiempo y puede parecer extraño en el inicio. Pero, una vez entendido el funcionamiento de esos conceptos descubrirá que es posible hacer diversas cosas legales y diferentes y que JavaScript es un lenguaje extremadamente flexible.

OBJETOS. PROPIEDADES

Se pueden añadir métodos especiales para el tratamiento de las operaciones de get y de set, por ejemplo:

```
var cuenta={ valor:0;
set deposito(x) { this.valor += x;
},
set sacar(x) {
this.valor -= x;
},
get provision() { return valor/4;
}
};


cuenta.deposito = 100;
cuenta.sacar = 50;
alert("provision = " + cuenta.provision + "\n saldo = " + cuenta.valor);
```

Para recuperar los valores de las propiedades de un objeto, podemos utilizar el "." O "[]".
Véase el siguiente ejemplo.

```
var curso = { sigla : " Curso 1 ", nombre : " Curso de Javascript "};
console.log ( curso . sigla );
console.log ( curso [" sigla "]);

var sigla = " sigla ";
console.log ( curso [ sigla ]);
```

Para cambiar el valor de una propiedad, sólo tiene que asignar un nuevo valor a la propiedad del objeto.

```
var curso = { sigla : " Curso 1 ", nombre : " Curso de Javascript "};

curso.sigla = " Curso 2 ";
curso.nome = " Javascript y los Objetos ";

console.log ( curso.sigla );
console.log ( curso.nombre );
```

Podemos eliminar una propiedad de un objeto con la función borrar.

```javascript
var curso = { sigla : " Curso ", nombre : " Curso de Javascript "};

// imprime Curso
console.log ( curso.sigla );

delete curso .sigla ;

// imprime undefined
console.log ( curso.sigla );
```

Podemos comprobar si existe una propiedad, se puede utilizar la función in.

```javascript
var curso = { sigla : " Curso ", nombre : "Curso de Javascript "};

// imprime true
console.log (" sigla " in curso);

// imprime false
console.log (" horario " in curso);
```

OBJETOS. ENCAPSULAMIENTO Y HERENCIA

Encapsulamiento

En nuestro ejemplo se representa un ventilador, los detalles de la estructura de algunos objetos quedan ocultos internamente, porque no necesitamos conocerlos para hacer uso de los mismos. El encapsulamiento tiene por objetivo esconder esa información que no necesita ser de conocida por el utilizador de la clase. Su uso es una buena práctica en cuanto al mantenimiento de la clase, ya que podemos modificar la parte que está oculta al utilizador sin alterar su forma de implementación. En Javascript podemos usar encapsulamiento en propiedades de una clase utilizando la palabra-clave var en vez de la palabra-clave this y del operador ".".

```javascript
function Ventilador(velMax) {
    var maximaPermitida = 5; // Uso de encapsulamiento
    var velocidadPorDefecto = 3; // variables privadas

    // evalúa si la velocidad máxima alcanzada es mayor que cero y menor que 5

    if (velMax > 0 && velMax <= maximaPermitida) {

        // en caso de que sea, se atribuye el valor alcanzado a la propiedad VelMax

        this.velocidadMaxima = velMax;
    } else {

        // en caso contrario, se atribuye el varlor de la variable a velocidadPorDefecto a a
la propiedad velocidadMaxima
```

```
        this.velocidadMaxima = velocidadePorDefecto;
    }
    this.conectado = false;
    this.conectar = function() { // el método conectar ahora está definido
        this.conectado = true; // por un literal de función, que mejora la legibilidad del
código
    }
}
ventilador = new Ventilador(0); // creamos una instancia previendo el valor 0 para el
//argumento velMax;
alert(ventilador.velocidadeMaxima); // Retorna 3 – por defecto
alert(ventilador.maximaPermitida); // Retorna undefined
```

Herencia

En Javascript la herencia ocurre por medio de objetos prototipos y define una relación
del tipo "es uno". Cada objeto hereda propiedades y métodos de su objeto prototipo que
es referenciado por la propiedad prototype. La clase Object es la superclase de todas
las clases definidas en Javascript, o sea, todos los constructores creados heredan
propiedades y métodos definidos en el constructor Object() como por ejemplo el método
toString(), que así como otros puede ser sobrescritos en la subclase. En algunos casos,
es conveniente utilizar este recurso en clases personalizadas, para eso basta definir un
constructor como valor para la propiedad prototype de la clase en cuestión. Como
ejemplo simple, vamos a definir la clase electrodoméstico con la propiedad conectado y
los métodos conectar y desconectar comunes a todos los electrodomésticos y entonces
definir la clase Ventilador con propiedades y métodos peculiares.

```
    function Electrodomestico() {
        this.conectado = false;
        this.conectar = function() {
            this.contectado = true;
        }
        this.desconectar = function() {
            this.conectado = false;
        }
    }

    function Ventilador(velMax) {
        var maximaPermitida = 5; // Uso de encapsulamiento
        var velocidadPorDefecto = 3; // variables privadas
        if (velMax > 0 && velMax <= maximaPermitida) {
            this.velocidadMaxima = velMax;
        } else {
            this.velocidadMaxima = velocidadPorDefecto;
        }
    }

    Ventilador.prototype = new Electrodomestico(); // Define el objeto prototipo
    ventilador = new Ventilador(4);
```

```
alert(ventilador.conectado); // Retorna false
ventilador.conectar();
alert(ventilador.conectado); // Retorna trae
```

La utilización del objeto prototipo hace que la propiedad constructor también sea heredada de la superclase, lo que definiría la clase Electrodoméstico como valor de la propiedad en el objeto ventilador. Una alternativa es definir de forma explícita la propiedad constructor:

```
Ventilador.prototype.constructor = Ventilador;
```

OBJETOS. MÉTODOS

Los métodos son funciones asociadas a los objetos. Un objeto puede ser definido en términos de propiedades, no sólo por sus variables, sino también por los métodos que haya asociados, que permiten no sólo realizar acciones sobre las propiedades propias del objeto, sino también otros tipos de operaciones diversas.

Veamos como podemos crear un método para visualizar el estado de las variables que componen el conjunto de propiedades de un objeto:

```
<script language="JavaScript">

function coche(a,b,c,d) {            // Función constructora del Objecto

  this.marca = a;

  this.modelo = b;

  this.ano_matricula = c;

  this.motor = d;

  this.listar_variables= listar_variables;    // Método listar variables

}


function listar_variables() {

  for (var k=0; k<=3 ; k++) {

    document.write("Propiedad ",k," = " ,this[k], " <p/> ");

  }

}
```

```
var coche1 = new coche();

  coche1[0] = "Citroen ";

  coche1[1] = "SAXO ";

  coche1[2] = "1992";

  coche1[3] = 1500;

  coche1.listar_variables();

</script>
```

El método "listar_variables()" utiliza un ciclo sea para mostrar todas las propiedades del objeto, vistas como un array.

La sintaxis utilizada para llamar un método de un determinado objeto es idéntica a la que es utilizada para hacer referencia a una determinada propiedad del objeto, o sea, el nombre del objeto, un punto"." y el nombre del método,

```
objeto.método(argumentos);
```

OBJETOS. OBJETOS PREDEFINIDOS

Existen una serie de objetos que ya están definidos para el desarrollador, estos objetos son ampliamente utilizados en el lenguaje, y son fundamentales para interacción con los sistemas.

Los principales son:

Objeto Array:

Definición

El Objeto Array(matriz), puede ser creado tanto implícitamente :

```
var m=[1,2,3,4];
```

Como explícitamente:

```
var m=new Array(1,2,3,4);
```

Este objeto manipula una colección de otros objetos.

Nombre	Descripción
concat	Concatena elementos de dos matrices, por ejemplo: var m=["manuel", "jose"]; var n=m.concat("sanchez"); n tendrá el valor : ["manuel", "jose", "sanchez"]
join	Junta elementos a los de la matriz, por ejemplo: var m=["manuel", "jose", "sanchez"]; var n=m.join("+ "); n tendrá el valor : "manuel+ jose+ sanchez"
pop	Elimina el último elemento de la matriz, devolviendo el elemento eliminado, por ejemplo: var m=["manuel", "jose", "sanchez]; var n=m.pop(); n tendrá el valor : "sanchez" y m:["manuel", "jose"]
push	Añade el elemento a la matriz, por ejemplo: var m=["manuel", "jose"]; var n=m.push("sanchez"); n tendrá el valor : "sanchez" y m:["manuel", "jose"]
reverse	Invierte el orden de los elementos de la matriz, por ejemplo: var m=["manuel","jose","sanchez"]; var n=m.reverse(); n y m tendrán: ["sanchez", "jose", "sanchez"]
shift	Elimina el primer elemento de la matriz, devolviendo el elemento eliminado, por ejemplo: var m=["manuel","jose","sanchez"]; var n=m.shift(); n tendrá el valor: "manuel" m tendrá el valor: ["jose", "sanchez"]

slice(inicio, fin) o slice(inicio)	Retona una banda de la matriz, por ejemplo: var m=["a","b", "c","d","e","f","g","h"]; var n=m.slice(0,2); n tendrá el valor: ["a","b"]
splice(inicio) splice(inicio, fin) splice(inicio, fi , item a insertar ...)	Añade o elimina bandas dentro de una matriz, por ejemplo: var m=["a","b", "c","d","e","f","g","h"]; var n=m.slice(0,2); n tendrá el valor: ["a","b"] m tendrá el valor: ["c","d","e","f","g","h"]
sort() sort(función de comparación(a , b))	Ordena la matriz, por ejemplo: var m=["manuel","jose","sanchez"]; var n=m.sort() n tendrá el valor: ["jose","sanchez","manuel"] En el caso de pasar la función de comparación, está tendrá que devolver menor que cero si a < b, 0 se a=b e maior que zero se a > b
unshift(item, ...)	Añade uno o más elementos al inicio de la matriz, por ejemplo: var m=["manuel", "jose", "sanchez"]; m.unshift("sr"); m tendrá el valor: ["sr", "manuel", "jose", "sanchez"]

Objeto Date

Nombre	Descripción
Constructor: Date(año, mes) Date(año, mes, día) Date(año, mes, día, hora) Date(año, mes, día, hora, minuto) Date(año, mes, día, hora, minuto, segundos) Date(año, mes, día, hora, minuto, segundos, milisegundos)	Todos los parámetros son opcionales, pero recuerde que el mes de Enero será representado por 0 y no por 1.

Date.UTC(año, mes) Date.UTC(año, mes, día) Date.UTC(año, mes, día, hora) Date.UTC(año, mes, día, hora, minuto) Date.UTC(año, mes, día, hora, minuto, segundos) Date.UTC(año, mes, día, hora, minuto, segundos, milisegundos)	Crea tiempo relativo al UTC. De la misma manera que el constructor
Date.parse(texto)	Convierte la fecha a un objeto date, el formato es el mismo utilizado en el toString()
Date.now()	Devuelve un objeto date representando el momento, lo mismo que new Date(), por lo que devuelve no un objeto, sino un número.
getDate()	Devuelve el día
getDay()	Devuelve el día de la semana
getFullYear()	Devuelve un entero con el valor del año
getHours()	Devuelve la hora
getMilliseconds()	Devuelve los milisegundos
getMinutes()	Devuelve los minutos
getMonth()	Devuelve el mes, enero = 0
getSeconds()	Devuelve los segundos
getTime()	Numero de milisegundos representando la fecha
getTimezoneOffset()	Devuelve la diferencia en minutos del horario local y el UTC
getUTCDate()	Devuelve el día UTC

getUTCDay()	Devuelve el día de la semana UTC
getUTCFullYear()	Devuelve el año UTC
getUTCHours()	Devuelve la hora UTC
getUTCMilliseconds()	Milisegundos UTC
getUTCMinutes()	Devuelve los minutos UTC
getUTCMonth()	Devuelve el mes UTC
getUTCSeconds()	Devuelve los segundos
getYear()	Devuelve el año menos 1900, ejemplo: 2004 devuelve 104, pues 2004 = 104 + 1900
objDate.setMinutes(minutos)	Atribuye minutos
objDate.setUTCHours(hora, minuto, segundo, milesegundo)	Atribuye la hora UTC
setDate(día)	Atribuye el día del mes
setFullYear(año) setFullYear(año, mes) setFullYear(año, mes, día)	Atribuye el año
setHours(hora) setHours(hora, minuto) setHours(hora, minuto, segundo) setHours(hora, minuto, segundo, milesegundo)	Atribuye la hora
setMilliseconds(milisegundos)	Atribuye milisegundos
setMonth(mes) setMonth(mes, día)	Atribuye el mes

setSeconds(segundos) setSeconds(segundos, milesegundo)	Atribuye los segundos
setTime(milisegundos)	Milisegundos de la fecha
setUTCDate(día)	Atribuye el día del mes UTC
setUTCFullYear(año) setUTCFullYear(año, mes) setUTCFullYear(año, mes, día)	Atribuye el año UTC
setUTCMilliseconds(milisegundos)	Atribuye milisegundos UTC
setUTCMinutes(minutos) setUTCMinutes(minutos, segundo) setUTCMinutes(minutos, segundo, milisegundo)	Atribuye los minutos UTC
setUTCMonth(mes) setUTCMonth(mes, día)	Atribuye el mes UTC
setUTCSeconds(segundos) setUTCSeconds(segundos, milesegundo)	Atribuye los segundos UTC
setYear(año) setYear(año, mes) setYear(año, mes, día)	Atribuye el año, numero que menos 1900 del año actual
toLocaleDateString()	Convierte a string solo la parte de la data
toLocaleTimeString()	Convierte a string solo la parte de la hora
toUTCString()	Convierte a string UTC

Objeto Math

Atributos

Nomb	Descripción
E	valor de la constante e (2.718281828459045)
LN10	logaritmo natural de 10 (2.302585092994046)
LN2	logaritmo natural de 2 (0.6931471805599453)
LOG2E	logaritmo de e en la base 2 (1.4426950408889634)
LOG10E	logaritmo de e en la base 10(0.4342944819032518)
PI	valor de pi (3.141592653589793)
SQRT1_2	raíz cuadrada de 1/2 (0.7071067811865476)
SQRT2	raíz cuadrada de 2(1.4142135623730951)

Métodos

Nombre	Descripción
abs(v)	valor absoluto de v
acos(v)	arcocoseno de v
asin(v)	arcoseno de v
atan(v)	arcotangente de v
atan2(y,	arcotangente de y/x
ceil(v)	próximo valor entero superior a v
cos(v)	coseno de v
exp(v)	es elevado a v
floor(v)	próximo valor entero inferior a v
log(v)	logaritmo de v en la base
max(valor	mayor valor de la lista
min(valor	menor valor de la lista
pow(x, y)	x elevado a y

ramdom()	numero aleatorio de >= 0 e < 1
round(v)	rendodeamiento de v
sin(v)	seno de v
sqrt(v)	raíz cuadrada de v
tan(v)	tangente de v

Objeto String

Atributos

Nombre	Descripción
length	Tamaño del string

Métodos

Nombre	Descripción
escape(string)	misma que encodeURI
unescape(string)	misma que decodeURI
encodeURI(string)	Codificación necesaria para pasar el string como parámetro de URI
decodeURI(string)	Decodificación necesaria de string recibida por parámetro URI
decodeURIComponent(string)	Decodifica toda la URI pasada
encodeURIComponent(string)	Codifica toda la URI pasada
anchor(nombre)	new String("manuel").anchor("n"); devuelve: <a name="n">manuel</a>
big()	new String("manuel").big(); devuelve: <big>manuel</big>
blink()	new String("manuel").blink(); devuelve: <blink>manuel</blink>

bold()	new String("manuel").bold(); devuelve: manuel
charAt(posición)	Lo mismo que substring(posición, posición+1), devuelve un carácter del string.
charCodeAt(posición)	Valor unicode del carácter de la posición.
concat(item ...)	Concatena itens forzados a string.
fixed()	new String("manuel").fixed(); devuelve: <tt>manuel</tt>
fontcolor(cor)	new String("teste").fontcolor("blue"), devuelve: <font color="blue">teste</font>
fontsize(tamaño)	new String("test").fontsize(16), devuelve: <font size="16">test</font>
indexOf(substring) indexOf(substring, posiciónInicial)	Busca la aparición del substring dentro del string
italics()	new String("manuel").italics(),
	devuelve: <i>manuel</i>
lastIndexOf(substring) lastIndexOf(substring, posiciónInicial)	Busca la última aparición del substring dentro del string
localeCompare(outraString)	Compara otro string con el string y devuelve: negativo si el string < otroString fuera igual o menor a 0 positivo si el string > otroString
match(regexp)	devuelve la posición encontrada por la expresión regular

replace(valorBusca, valorSustitución)	Cambia donde localizar el valorBusca por valorSustitución, el valor de búsqueda puede ser tanto un string, como una expresión regular, si fuera un string solamente la primera aparición será sustituida
search(valorBusca)	Busca por valorBusca
slice(inicio) slice(inicio, fim)	substring del inicio hasta el final, final no incluido
small()	new String("test").small(); devuelve: \<small>test\</small>
split()	new String("Manuel Jose Sanchez").split(" "); devuelve: ["Manuel", "Jose", "Sanchez"]
strike()	new String("test").strike(); devuelve: \<strike>test\</strike>
sub()	new String("test").sub(); devuelve: _{test\}
substr(posición, cantidad)	Devuelve el substring de la posición inicial, con el tamaño previsto por la cantidad, la posición puede ser negativa, indicando relativo al final del string.
substring(posiciónInicial)	Substring de la posición inicial hasta la posición final, la posición final no es incluida.
substring(posiciónInicial, posiciónFinal)	Posición final, posición final no incluida. Si la posición final no fuera forzada, sería devuelto un string de la posición inicial hasta el final del String.
sup()	new String("teste").sup(); devuelve: \^{teste\}
toLocaleLowerCase()	Convierte para minúscula

toLocaleUpperCase()	Convierte para mayúscula
toLowerCase()	Convierte para minúscula
toUpperCase()	Convierte para mayúscula
<método estático> fromCharCode(número)	devuelve el carácter representado por el índice unicode <número>

Objeto Number

Atributos

Nombre	Descripción
NaN	Representa los valores que no son considerados números
NEGATIVE_INFINITY	Valor infinito negativo
POSITIVE_INFINITY	Valor infinito positivo

Métodos

Nombre	Descripción
Number(numero)	Construtor
toString()	Convierte a string un decimal o en la base prvista
toLocaleString()	Convierte a string en la ubicación actual
valueOf()	Convierte de un objeto a number
toFixed(decimales)	Devuelve string con número formateado conteniendo decimales.
toExponential(decimales)	Devuelve string con notación exponencial con decimales dígitos

toPresision(decimales)	Formatea número de dígitos

Objeto XMLHttpRequest:

Con el *advento del *AJAX, este objeto se hace cada vez más importante. Este, infelizmente, no es *padronizado, y por lo tanto, hasta que salga una resolución, debemos siempre hacer *checagem para creación de este objeto, a continuación presento su estructura, y enseguida una pequeña *rotina para creación y manipulación del mismo.

Atributos

Nombre	Descripción
readyState	Representa el estado del objeto, que puede ser : 0 – no inicializado (uninitalized) 1 - cargando (loading) 2 - cargado (loaded) 3 - interactivo (interactive) 4 - completo (complete)
responseXML	Respuesta en xml (document)
responseText	Respuesta en texto
status	Valor del número de retorno
statusText	Texto de status
multipart	Indica que esta recibiendo un texto multipart

Métodos

Nombre	Descripción
stop()	Para la transferencia
getAllResponseReaders()	Devuelve nombres de los
getResponseReader(name)	Devuelve el valor del
open("método", "url"[, indicadorDeAsincrono[, nombreUsuario [, dirección]]])	Abre comunicación
send(content)	Envía contenido

	Atribuye datos a encabezados
setRequestHeader("nombre", "valor")	
overrideMimeType("mime-type")	Sobre escribe el tipo devuelto

Objetos Browser

Aquí es donde residen los mayores problemas de incompatibilidades entre Microsoft y Netscape. No se aconseja utilizar elementos que sean específicos de un determinado browser.

History

Este objeto permite trabajar sobre la lista de accesos la locales WWW existentes en el browser. Las propiedades y métodos disponibles son los siguientes:

Propiedades:

current

Un string que representa la URL del documento actual.

length

Representa el número de elementos de la lista de accesos.

next

Representa la URL del elemento después de la siguiente en la lista.

previous

Ídem para la anterior en la lista.

Métodos:

back()

Retorna al documento anteriormente visitado (como el botón Back del browser) en la lista de accesos.

forward()

Avanza para el documento siguiente en la lista de accesos,

go(posición)

Avanza por el documento WWW identificado por "posición". Si este argumento es un entero, la página identificada por este número en la lista de accesos es escogida, si por el contrario es un String, esta contendrá una URL o parte de esta en la lista de accesos.

toString()

Devuelve una tabla HTML conteniendo el histórico de accesos del browser.

Ejemplo:

history.go(-1);

history.back();

Son equivalentes a presionar el botón Back del browser.

document

Este objeto es creado cuando una determinada página WWW es cargada y contiene información diversa acerca de ese documento. Para ello, permite su manipulación con un conjunto y métodos muy simples.

Veamos una lista de las propiedades y de los métodos asociados. Por primera vez vamos a ver algunas propiedades que pueden ser modificadas y no sólo leídas.

Sin embargo, no todas las propiedades que vamos a ver lo permiten:

Propiedades:

alinkColor

Representa el color de un link, o de puntero de tipo Anchor del HTML, que toma cuando es presionado con el ratón.

anchors[]

Array de elementos de tipo Anchor del documento HTML.

applets[]

Array de objetos Java, un objeto por cada applet Java.

bgColor

El color del fondo del documento.

cookie

Un string con parámetros "cookie" del documento.

domain

String que designa el dominio de Internet al que el documento pertenece.

ernbeds[]

Array con objetos insertados con <embed>.

fgColor

El color del texto.

forms[]

Array de objetos Form existentes en la página HTML.

Images[]

Array de objetos imagen del documento (<img>).

lastModified

Un String con la fecha de la última modificación del documento.

linkColor

El color con que los links aparecen en el documento.

links[]

Un array conteniendo todos los links del documento.

location

Un String con la URL del actual documento.

plugins[]

Idéntico al embeds[].

referrer

Un String conteniendo la URL del documento a partir del cual fue llamado al actual.

title

El título del documento HTML.

URL

URL del documento.

vlinkColor

Color que toman los links ya visitados.

Métodos:

clear()

Limpia el contenido de una ventana.

close()

Termina la importación de un documento y da la carga como terminado ("Done").

open(tipo)

Abre un documento para la recepción de datos (por ejemplo venidos de un write()). El "tipo" es un parámetro opcional, en el que se puede colocar un otro tipo de datos (por ejemplo, soportado por un plug-in, producto externo al browser).

write()

Escribe texto (HTML) en el documento.

writeln()

Escribe texto (HTML) en el documento y coloca en el final un carácter de fin de línea

location

El objeto location nos provee de información acerca de la URL actual. Está compuesto solamente por propiedades. Todas las propiedades son strings que representan varias facetas distinguidas del URL:

Propiedades:

hash

Un string con el nombre de la URL.

host

El nombre de la máquina y el puerto en el URL.

hostname

El nombre de la máquina.

href

Toda la URL.

pathname

Sólo la parte de camino de la URL.

port

Sólo el puerto.

protocol

El protocolo usado (incluyendo el carácter ":").

search

Información eventualmente pasada a un programa CGI.

Métodos:

reload()

Recarga el documento actual.

replace()

Sustituye el documento actual por otro, sin modificar el "historial" del browser.

Como ejemplo de utilización de este, veamos un pequeño script de prueba, que envía a la pantalla toda la información relativa a la localización del fichero HTML correspondiente está:

```
<script language = "JavaScript">


// Información acerca de la URL

document.write("hash = ",location.hash);

document.write("<br/>host = ",location.host);

document.write("<br/>hostname = ",location.hostname);
```

```
document.write("<br/>href = ",location.href);

document.write("<br/>pathname = ",location.pathname);

document.write("<br/>port = ",location.port);

document.write("<br/>protocol = ",location.protocol);

 </script>
```

<u>window</u>

El objeto window funciona dentro el objeto madre, que incorpora documentos u otros objetos. Operando sobre el window, se tiene la oportunidad de controlar directamente la ventana del browser WWW utilizado.

Propiedades:

closed

Boleano que especifica si una ventana fue o no cerrada.

defaultStatus

Un string con el valor contenido en la barra de status.

document

Referencia el documento contenido en la ventana.

frames[]

Un Array con todos los Frames que integran la ventana.

history

Referencia al objeto histórico en la ventana.

length

El número de Frames en la ventana.

location

Objeto location en la ventana.

Math

Referencia un objeto que contiene funciones matemáticas.

name

El nombre de la ventana.

navigator

Objeto navigator.

offscreenBuffering

Define el tipo de buffering que el browser hace.

opener

Referencia una ventana que haya invocado una función open() para crear una ventana.

parent

El nombre de la ventana principal que contiene el conjunto de Frames (Frameset).

screen

Objeto screen.

self

El nombre de la ventana actual.

status

Valor que va a aparecer en la barra de status.

top

El nombre de la ventana de top.

window

El nombre de la ventana actual.

Métodos:

alert(mensaje)

Hace surgir una ventana de alerta con el mensaje pasado como parámetro. La ventana llama la atención del usuario (no lo deja hacer más nada en el browser) y sólo desaparece cuando es presionado el botón.

blur()

Retira el foco del teclado de la ventana, pasándolo a la ventana madre.

clearInterval(id)

Para una ejecución periódica de código iniciada con un setInterval().

clearTimeout()

Cancela un timeout.

close()

Cierra la ventana.

confirm(mensaje)

Hace surgir una ventana de confirmación con botones "OK" y "Cancel". Conforme el botón presionado, es devuelto el valor "verdadero" o "falso" al utilizador.

focus()

Da el foco de teclado a una ventana, proporcionando la aparición de eventos de teclado.

moveBy(x,y)

Mueve una ventana x pixels para la derecha y Y para bajo.

moveTo(x,y)

Mueve la ventana para una posición absoluta x,y.

open(URL, nombre, paran)

Abre una ventana y carga lo URL pasado como parâmetro. En el "paran" pueden ser configurados algunos aspectos relativos al aspecto de la ventana,

prompt(msg,resp_defecto)

Abre una ventana de diálogo, que acepta una entrada del utilizador, que es devuelta. "msg" contiene el texto de la pregunta y "resp_defecto" el valor inicial que aparece en el campo a llenar.

resizeBy(a,l)

Modifica el tamaño de una ventana de pixels en la altura (a) y a lo ancho (l).

resizeTo(a,l)

Moficia las dimensiones de la ventana de a por l pixels.

scroll(x,y)

Desplazamiento en un documento para una posición x,y.

scrollBy(x,y)

Desplazamiento en el documento de x pixels para la derecha y de y para abajo.

scrollTo(x,y)

Idéntico al scroll(), que vino a sustituir.

setInterval(code,interv)

Ejecuta el código Javascript code después de un periodo de tiempo de interv milisegundos y de periódica.

nombre=setTimeout(exp,equipo)

Evalúa la expresión "exp" cuando pasa el número de milissegundos definido por "equipo".

EVENTOS

El lenguaje JavaScript está estrechamente conectado al modelo de orientación a eventos y, para usufructuar ese recurso, usamos los controladores de eventos que son atributos especiales aplicables a las tags HTML, permitiendo a un elemento (botón, link, imagen, etc.) tratar acciones (clic del mouse, presionar una tecla) que ocurran durante la carga y la presentación de un documento. Los eventos son acciones realizadas por el usuario y que desencadenan la ejecución de códigos escritos en JavaScript, permitiendo interacciones con las acciones del usuario.

Los eventos son la manera que tenemos en Javascript de controlar las acciones de los visitantes y definir un comportamiento de la página cuando se produzcan. Cuando un usuario visita una página web e interactúa con ella se producen los eventos y con Javascript podemos definir lo que queremos que ocurra cuando se produzcan.

Con Javascript podemos definir lo que sucede cuando se produce un evento como podría ser que un usuario clic sobre un botón, edite un campo de texto o abandone la página.

El manejo de eventos es el caballo de batalla para hacer páginas interactivas, porque con ellos podemos responder a las acciones de los usuarios.

Como se define un evento

Los manipuladores de eventos (event handlers) se encuentran incorporados al largo del código HTML y son activados por el navegador o evento de utilizador, tal como sucede cuando la página es cargada, cuando el utilizador presiona un botón del ratón, o cuando el reloj llega a la 8 de la tarde. Algunos eventos del utilizador son dependientes de la utilización de un determinado dispositivo como sean el ratón o el teclado. Estos son llamados por eventos cuya manipulación son dispositivos-dependientes. Otros manipuladores de eventos son dispositivos-independientes y se caracterizan por su activación y para poder ser hecha indistintamente requiere del ratón o del teclado, o de otros medios. Al usar manipuladores de evento de dispositivos-dependientes puede resultar que el contenido quede inaccesible a alguien que no sea capaz de utilizar el dispositivo para el cual el evento fue concebido.

Para definir las acciones que queremos realizar al producir un evento utilizamos los manipuladores de eventos. Existen muchos tipos de manipuladores de eventos, para muchos tipos de acciones del usuario. El manipulador de eventos se coloca en la etiqueta HTML del elemento de la página que queremos que responda a la acciones del usuario.

Por ejemplo, tenemos el manipulador de eventos onclick, que sirve para describir acciones que queremos que se ejecuten cuando si clic. Si quisiéramos que al clicar sobre un botón acontezca alguna cosa, escribimos el manipulador onclick en la etiqueta de ese botón. Algo parecido a esto.

```
<INPUT type=button value="Haz Click Aquí" onclick="sentencias_javascript...">
```

Se coloca un atributo nuevo en la etiqueta que tiene el mismo nombre que el evento, en este caso onclick. El atributo se iguala a la sentencias Javascript que queremos que se ejecuten al producirse el evento.

Cada elemento de la página tiene su propia lista de eventos soportados, vamos a ver otro ejemplo de manejo de eventos, esta vez sobre un menú desplegable, en el cual definimos un comportamiento cuando cambiamos el valor seleccionado.

```
<SELECT onchange="window.alert('Cambió la Selección')">
<OPTION value="opcion1">Opción 1
<OPTION value="opcion2">Opción 2
</SELECT>
```

En este ejemplo, cada vez que se cambia de opción muestra una caja de alerta.

Dentro de los manipuladores de eventos podemos colocar tantas instrucciones como deseemos, pero siempre separadas por punto y coma. Lo habitual es colocar una sólo instrucción, y si desea colocar más de una, acostúmbrese a crear una función con todas las instrucciones y dentro del manipulador se coloca una sólo instrucción que es la llamada a la función.

Vamos a ver cómo se colocarían en un manipulador varias instrucciones.

```
<input type=button value=clicme
   onclick="x=30; window.alert(x); window.document.bgColor = 'red'">
```

Son instrucciones muy simples como atribuir a x el valor 30, hacer una ventana de alerta con el valor de x y cambiar el color del fondo a rojo.

Sin embargo, tantas instrucciones puestas en un manipulador quedan un poco confuso, sería mejor crear una función así:

```
<script>
function ejecutarEventoOnclick(){
   x = 30
   window.alert(x)
   window.document.bgColor = 'red'
}
</script>

<FORM>
<input type=button value=Pulsame onclick="ejecutaEventoOnclick()">
</FORM>
```

Ahora utilizamos más texto para hacer lo mismo, pero con la certeza de ser más claro en este segundo ejemplo.

Lista de Eventos

A continuación veremos una lista de los principales eventos JavaScript con código de ejemplo. Es bueno saber que cada rutina de tratamientos de eventos fue proyectada para tags HTML específicas. Esto quiere decir que, por ejemplo, los eventos onLoad y Unload son colocados en el tag <body> o en <img>, pero, como por ejemplo, el evento onClick sólo funciona dentro de objetos de un formulario o en links.

onabort

Este evento se produce cuando un usuario detiene la carga de una imagen, sea porque detiene la carga de la página o porque realiza una acción que la detiene, como por ejemplo, salir de la página.
Javascript 1.1

onchange

Se desata este evento cuando cambia el estado de un elemento de formulário, a veces no se produce hasta que el usuario retire el foco de la aplicación del elemento.
Javascript 1.0
Javascript 1.0

onclick

Se produce cuando se clica el botón del mouse sobre un elemento de la página, generalmente un botón o un link.
Javascript 1.0

ondragdrop

Se produce cuando un usuario suelta algo que había arrastrado sobre la página web.
Javascript 1.2

onerror

Se produce cuando no se puede cargar un documento o una imagen y esta queda quebrada.
Javascript 1.1

onfocus

El evento onfocus es el contrario de onblur. Se produce cuando un elemento de la página o la ventana ganan el foco de la aplicación.
Javascript 1.0

onkeydown

Este evento es producido en el instante que un usuario presiona una tecla, independientemente que a suelte o no. ES producido en el momento del clic.
Javascript 1.2

onkeypress

Ocurre un evento onkeypress cuando el usuario deja una tecla clicada por un tiempo determinado. Antes de este evento se produce un onkeydown en el momento que se clica la tecla..
Javascript 1.2

onkeyup

Se produce cuando el usuario deja de apretar una tecla. ES producido en el momento que se libera la tecla.
Javascript 1.2

onload

Este evento se desata cuando la página, o en Javascript 1.1 las imágenes, terminaron de cargarse.
Javascript 1.0

onmousedown

Se produce el evento onmousedown cuando el usuario clica sobre un elemento de la página. onmousedown se produce en el momento de clicar el botón, soltando o no.
Javascript 1.2

onmousemove

Se produce cuando el mouse se mueve por la página.
Javascript 1.2

onmouseout

Se desata un evento onmuoseout cuando la flecha del mouse sale del área ocupada por un elemento de la página.
Javascript 1.1

onmouseover

Este evento se desata cuando la flecha del mouse entra en el área ocupada por un elemento de la página.
Javascript 1.0

onmouseup

Este evento se produce en el momento que el usuario suelta el botón del mouse, que previamente había clicado.
Javascript 1.2

onmove

Evento que se ejecuta cuando se mueve la ventana del navegador, o un frame.
Javascript 1.2

onresize

Evento que se produce cuando se redimensiona la ventana del navegador, o el frame, en el caso de que la página los haya.
Javascript 1.2

onreset

Este evento está asociado a los formulários y se desata en el momento que un usuario clica en el botón de reset de un formulário.
Javascript 1.1

onselect

Se ejecuta cuando un usuario realiza una selección de un elemento de un formulário.
Javascript 1.0

onsubmit

Ocurre cuando el visitante aprieta sobre el botón de enviar el formulário. Se ejecuta antes del envío propiamente dicho.
Javascript 1.0

onunload

Al abandonar una página, sea porque si clic en un link que nos lleva a otra página o porque se cierra la ventana del navegador, se ejecuta el evento onunload.

Trabajando con Eventos

onBlur

Usado para ejecutar un código cuando el foco se mueve para fuera del objeto del formulario. Los objetos que soportan ese evento son: Button, Checkbox, FileUpload, Layer, Password, Radio, Reset, Select, Submit, Text, TextArea y window. Después de probar el ejemplo de abajo, usted puede intercambiar el evento onBlur por el evento onChange. El evento onChange es parecido al onBlur, sin embargo, es necesario que el usuario seleccione y modifique el contenido del objeto para que el evento suceda. En el método onBlur, si el usuario mueve el foco hacia afuera del objeto sin alterar su contenido, no suceda nada. Los objetos que soportan el evento onChange son: FileUpload, Select, Text y TextArea. Veamos un ejemplo de colocación del evento:

```
<html> <head>
```

```
<script language="JavaScript"> function validar_edad(form) { var nEdad =
form.edad.value; if (nEdad >= 18) alert("Usted es mayor de Edad"); else alert("Usted es
Menor de Edad"); } </script>
```

```
<body>
```

```
<form>
```

Informe su edad y presione la tecla tab para validarla:

```
<br> <input type="text" name="edad" onBlur="validar_edad(form);"> onFocus
```

Usado para ejecutar un código cuando el foco se mueve hacia el objeto del formulario, o sea, cuando el objeto recibe el foco. Los objetos que soportan ese evento son: Button, Checkbox, FileUpload, Layer, Password, Radio, Reset, Select, Submit, Text, TextArea y window. Pruebe a intercambiar el evento onBlur del ejemplo anterior por el evento onFocus y vea que, en cuanto usted clica en el objeto edad, la función validar_edad será accionada.

Usado para ejecutar un código cuando el usuario hace clic, el usuario clica en un botón. Los objetos soportan este evento son: Button, Checkbox, Radio, Reset, Submit, document y Link. Veamos el siguiente ejemplo:

```
<HTML> <head>
<script language="JavaScript"> function validar_edad(form) { var nEdad =
form.idade.value; if (nEdad >= 18) alert("Usted es Mayor de Edad"); else alert("Usted es
Menor de Edad"); } </script>
```

```
<body>
```

```
<form>
```

```
Informe de su Edad:<br> <input type="text" name="edad">
```

```
<input type="button" value="Verifique" onClick="validar_edad(form);"> onLoad
```

Esto hace que el navegador ejecute una acción cuando la página o una imagen es cargada. Los objetos que soportan ese evento son: Image, Layer y window. Vea las instrucciones de la función mensaje. Podemos usar las propiedades de los objetos para, por ejemplo, modificar el contenido de un objeto y enfocar un objeto. En el ejemplo siguiente, la segunda y tercera instrucción de la función mensaje limpia y enfoca al objeto edad, respectivamente.

```
<html> <head>

<script language="JavaScript"> function mensaje() { alert("Bienvenido al Curso de
Javascript"); document.form_test.edad.value=""; document.form_test.edad.focus(); }
function validar_edad(form) { var nEdad = form.edad.value; if (nEdad >= 18) alert("Usted
es Mayor de Edad"); else alert("Usted es Menor de Edad"); } </script>

<body onLoad="mensaje();">

<form name="form_test">

Informe de su Edad:<br> <input type="text" name="edad">

<input type="button" value="Verifique" onClick="validar_edad(form);">
```

Pruebe a intercambiar el evento onLoad por onUnLoad, o a añadir el evento
onUnLoad en el tag body del ejemplo de arriba. El evento onUnLoad sucede cuando la
página es descargada, o sea, cuando el usuario deja la página actual.

A título de curiosidad, pruebe a modificar, por ejemplo, el color de fondo de la página
a través de la propiedad bgColor del documento, así:

document.bgColor = "green"; // color de fondo de la página modificada a verde Usted
puede utilizar tanto el nombre del color en inglés como también el código del color.

OnError. Usted puede definir eventos que ocurran cuando carga de una imagen no ha
sucedido correctamente, o cuando el usuario cancela la carga de una imagen, o, si el
usuario mueve el mouse sobre una imagen. Vea los siguientes ejemplos:

Utilice el gestor de eventos onMouseDown u onMouseUp para añadir una función si
el usuario presione una tecla cualquiera del mouse o suelta un botón cualquiera del
mouse, respectivamente.

Podemos definir, a través de un link, que el navegador muestre en su barra de status
un texto cualquiera cuando el usuario mueve el puntero del mouse sobre el link, así:

```
<a href="mailto:'micorreo@hotmail.com'" onMouseOver="self.status='Envie un mail al
profesor del Curso de Javascript';return true;"> Contacto Alumnos </a>
```

Al revés también se puede realizar, basta con intercambiar el gestor del ejemplo de
arriba con un onMouseOut.OnSelect Este evento sucede cuando un objeto es
seleccionado.

```
<input type="text" name="edad" onSelect="mi_funcion();">
```

Bloqueando el botón derecho de mouse en una página

El evento onmousedown del ejemplo siguiente debe ser escrito en minúsculas para
evitar incompatibilidades entre navegadores. Vea que la instrucción
"document.onmousedown = verificar_boton_mouse;" debe ser definida antes de todas

las funciones del script de la página. Así, esta instrucción será ejecutada en el momento de la carga de la página.

```
<script language="JavaScript"> document.onmousedown = verificar_boton_mouse;
function verificar_boton_mouse() { if (event.button == 2) { alert("Botón derecho
deshabilitado"); }
```

Analizando tecla presionada en la página

De manera similar al ejemplo anterior, que verifica que botón del mouse fue presionado, podemos también verificar que tecla fue presionada, a través del gestor de eventos onKeyPress definido en la tag body de un documento. Veamos el ejemplo siguiente:

```
<html> <head>
```

```
<script language="JavaScript"> function verificar_tecla() { var tecla =
window.event.KeyCode; if (tecla > 47 && tecla < 58) alert("Usted tecleó un Número");
else alert("Usted tecleó una letra"); } </script>
```

```
<body onKeyPress="verificar_tecla(form);">
```

```
Presione cualquier tecla para la Verificación </body>
```

Mostrando algunas de las informaciones básicas del navegador: document.write(navigator.appName); document.write(navigator.appVersion); document.write(navigator.platform);

Redireccionando al usuario hacia otra página:

```
var navegador = navigator.appName; if (navegador == "Netscape") location.href =
"pagina_1.html"; else if (navegador == "Microsoft Internet Explorer") location.href =
"pagina_2.html"; else location.href = "pagina_3.html";
```

Ejemplo Completo del Uso de Eventos:

Guarde este código como **request.js**

```
var RequestObject;
```

```
function initRequest(newRequestFunc, noBody) { var _newRequest =
newRequestFunc;
var _noBody = noBody; var _id = 0;
return function() {
this.newRequest = _newRequest;
this.concatTimer = function(url, id) { return url +
(url.indexOf("?") < 0 ? "?" : "&")+ "requestTime=" + new Date().getTime() +
"&requestId=" + id;
```

```
false);
}
this.loadText = function(url, method) { var req = _newRequest();
req.open(method || "GET", this.concatTimer(url, _id++),

if (_noBody)
req.send();

else

req.send(null);
return req.responseText;
}
this.splitLines = function(text) {


try {

return text.split(/\r?\n|\r/);

} catch(e) {
return [];
}
}


"GET"));


this
.loadLines = function(url, method) {
return this.splitLines(this.loadText(url, method ||


false);

}
this.loadXML = function(url, method) { var req = _newRequest();
req.open(method || "GET", this.concatTimer(url, _id++),

if (_noBody)
req.send();

else


req.send(null);

return req.responseXML;
```

```
    }
    this.bind = function(object) { var url = object['url'];
    if (typeof url == 'undefined')
    throw "necess?rio URL para fazer bind";
    var id = _id++;
    var req = _newRequest();
    var method = object['method'] || "GET"; var headers = object['header'];
    var body = object['body'];
    var user = object['username'];
    var pass = object['password']; var onload = object['onload']; var onerror =
object['onerror'];
    var onprocess = object['onprocess'];
    var onstatechange = object['onstatechange'];



    // llamado aún

    req.onreadystatechange=function() { if (onstatechange)
    onstatechange(req, id); switch(req.readyState) {
    case 0: // UNINITIALIZED open() no fue

    break;
    case 1: // LOADING send() no fue

    case 2: // LOADED send() fue llamando,

    // disponible getResponseHeader y el statusde  responseText tienen datos parciales

    case 3: // INTERACTIVE cargando, if (onprocess)
    onprocess(req, id);



    // fueron terminadas


    req.status == 200) {

    break;
    case 4: // COMPLETED, todas las operaciones

    if (onprocess)
    onprocess(req, id);
    if (req.status == 0 ||

    if (onload)
    onload(req, id);

    } else {
```

```
                    req.statusText);


        }
        }


    }
    break;

    if (onerror)
    onerror(req, id,


    true, user, password);

    if (user)
    req.open(method, this.concatTimer(url, id),

    else

    req.open(method, this.concatTimer(url, id));

    req.setRequestHeader('requestid', id); for(var header in headers) {
    req.setRequestHeader(header, headers[header]);

    }
    try {



    if (body && _noBody) {
    req.send();
    } else {
    req.send(body);

    }
    } catch(e) {
    if (onerror) {
    onerror(req, id, e);
    }
    }
    }
    }
    }

    if (window.ActiveXObject) { var objectNames = [
    "Msxml2.XMLHTTP.5.0",
    "Msxml2.XMLHTTP.4.0", "MSXML2.XMLHTTP.3.0", "MSXML2.XMLHTTP",
    "Microsoft.XMLHTTP"
```

```
];
for(var i=0; i < objectNames.length; i++) {
try {
var requestName = objectNames[i];
new ActiveXObject(requestName);
RequestObject = initRequest(function() { return new
ActiveXObject(requestName); }, true);
} catch(e) {
}
}
}

if (! RequestObject && window.XMLHttpRequest) { try {
new XMLHttpRequest();
RequestObject = initRequest(function() { return new
XMLHttpRequest(); }, false);
} catch(e) {
}
}

if (! RequestObject) {
alert("Seu browser não esta preparado para o ajax");


}
```

Incluya en la página, o siguiente comando para incluir este archivo :

```
<script type="text/javascript" src="request.js"></script>
```

En seguida, podrá utilizar el código, como por ejemplo, cargando un texto de forma síncrona:

```
var req = new RequestObject(); alert(req.loadText("textoqualer.txt"));
```

También podemos cargar en una matriz y procesarla línea a línea:

```
var req = new RequestObject();
var matriz = req.loadLines("textocualquiera.txt");
for(var i=0; i < matriz.length; i++) { alert(i + ":" + matriz[i]);
}
```

También es posible cargar de forma asíncrona:

```
var req = new RequestObject();
req.bind({ url:"textocualquiera.txt", onload:function(rq, id) {
alert(rq.responseText);
}
```

```
});
```

También es posible verificar si ocurrió algún error, de la siguiente manera:

```
var req = new RequestObject();
req.bind({
url:"textoqualquer.txt", onload:function(rq, id) {
alert(rq.responseText);
},
onerror:function(rq, id, msg) { alert('erro = ' + msg);
}
});
```

JQUERY

jQuery es una biblioteca de JavaScript cross-browser desarrollada para simplificar los scripts client-side que interactúan con el HTML. Esta fue lanzada en enero de 2006 en el BarCamp de Nueva York por John Resig. Usada por cerca del 55% de las 10 mil webs más visitados del mundo, jQuery es la más popular de las bibliotecas JavaScript.2 3

jQuery es una biblioteca de código abierto y posee licencia dual, haciendo uso de la Licencia MIT o de la GNU General Public License versión 2.4 La sintaxis del jQuery fue desarrollada para hacer más simple la navegación por el documento HTML, la selección de elementos DOM, crear animaciones, manipular eventos y desarrollar aplicaciones AJAX. La biblioteca también ofrece la posibilidad de creación de plugins sobre ella. Haciendo uso de tales facilidades, los desarrolladores pueden crear capas de abstracción para interacciones de más bajo nivel, simplificando el desarrollo de las aplicaciones web dinámicas de gran complejidad.

Microsoft y Nokia anunciaron planes de incluir el jQuery en sus plataformas, Microsoft la adoptará inicialmente en el Visual Studio 6 para su uso con el framework AJAX de ASP.NET, y Nokia en su plataforma Web Run-Team de widgets. La biblioteca jQuery también ha sido usada en el MediaWiki desde la versión 1.16.8.

Las principales funcionalidades del jQuery son:

- Resolución de la impatibilidad entre los navegadores.
- Reducción de código.
- Reutilización del código a través de plugins.
- Utilización de una vasta cantidad de plugins creados por otros desarrolladores.
- Trabaja con AJAX y DOM.
- Implementación segura de recursos de CSS1, CSS2 y CSS3.

Para empezar, necesitamos algunas herramientas:

- Si usted aún no tiene un servidor instalado para hacer pruebas, busque cómo instalar Apache + PHP + alguna base de datos (MySQL o PostreSQL).
- Intente conocer algunos Frameworks Javascript. Existen algunos muy utilizados que son prácticamente imposible no conocer.
- Habitúese con las herramientas de desarrollador de su navegador. En el Chrome, existe un conjunto completo de herramientas ya viene instalado. En el Firefox, hay una excelente alternativa que es el Firebug.

Entre los frameworks Javascript, veremos el jQuery, por ser actualmente el más utilizado en el mundo. Veamos un ejemplo:

```js
[code lang="js" htmlscript="true"]
<html>
<head>
<script src="/path/to/jquery-1.7.1.min.js" type="text/javascript"></script>
<!-- O -->
<script src="http://ajax.googleapis.com/ajax/libs/jquery/1.7.1/jquery.min.js"
type="text/javascript"></script>
</head>
</html>
[/code]
```

Dentro de la tag <head>, tenemos dos opciones: añadir la ruta del script que usted bajó (ideal para desarrollo local), o utilizar el acceso que Google suministra libremente (y que muchas webs utilizan, siendo probable que el usuario ya tenga una copia en caché de ese archivo y su página debe cargar más rápido).

Tras incluir el jQuery en nuestra página, vamos a hacer alguna cosa con él. Algo simple, como añadir la API de Youtube y buscar los 5 vídeos más recientes sobre Linux:

```js
[code lang="js" htmlscript="true"]
<html>
<head>
<script src="jquery-1.7.1.min.js" type="text/javascript"></script>
</head>
<body>
<script type="text/javascript">
// esto será ejecutado al cargar la página
$(document).ready(function() {
// añade la API de Youtube y busca por videos sobre Linux
// usamos el formato JSON para recibir los resultados
$.get('http://gdata.youtube.com/feeds/api/videos?q=Linux&alt=json&max-results=5',
function(result) {
// estos son los resultados devueltos en la consulta
var entries = result.feed.entry;
// mostramos los datos de cada uno
$.each(entries, function(index, item) {
var title = item.title.$t, // el título
desc = item.content.$t, // la descripción
link = item.link[0].href; // el link
// mostrando los datos en la página
// aquí podría formatear la salida, añadiendo estilos de CSS, etc.
// ahora solo los mostramos de forma básica
$('body').append('<h3><a href="' + link + '">' + title + '</a></h3><p>' + desc + '</p>');
});
});
});
</script>
```

```
</body>
</html>
[/code]
```

Ese es un ejemplo simple. Vea que al mostrar los datos, nosotros no formateamos nada. Sólo mostramos el título con el link para el vídeo y la descripción. Pero la API de Youtube devuelve muchos más datos, como el nombre del usuario que subió el vídeo, la fecha de publicación, y mucho más. No es nuestro objetivo aprender más sobre la API de Youtube aquí, pero yo recomiendo añadir directamente la URL que utilizamos en la solicitud GET y estudiar el retorno de Youtube para ver lo que es más posible.

JSON

JSON es un acrónimo para "JavaScript Object Notation", es un formato leve para el intercambio de datos computacionales. JSON es un subconjunto de la notación de objetos de JavaScript, pero su uso no requiere JavaScript exclusivamente.

El formato JSON fue originalmente creado por Douglas Crockford y es descrito en el RFC 4627. La media-type oficial del JSON es application/json y la extensión es .json.

La simplicidad de JSON tiene resultado en su uso difundido, especialmente como una alternativa para XML en AJAX. Una de las ventajas reivindicadas de JSON sobre XML como un formato para el intercambio de datos en este contexto, es el hecho de ser muy más fácil escribir un analizador de JSON. En JavaScript mismo, JSON puede ser analizado trivialmente usando la función eval(). Esto fue importante para la aceptación de JSON dentro de la comunidad AJAX debido a la presencia de este recurso de JavaScript en todos los navegadores web actuales.

En la práctica, los argumentos acerca de la facilidad de desarrollo y desempeño del analizador son raramente relevados debido a los intereses de seguridad en el uso de eval() y la creciente integración de procesamiento de XML en los navegadores web modernos. Por esta razón JSON es normalmente usado en ambientes donde el tamaño del flujo de datos entre el cliente y el servidor es de muy importancia (de ahí su uso por Google, Yahoo, etc., los cuales sirven a millones de usuarios), donde la fuente de los datos puede ser explícitamente confiable, y donde la pérdida de los recursos de procesamiento XSLT en el lado cliente para la manipulación de datos o la generación de la interfaz, no es una consideración.

Mientras JSON es frecuentemente posicionado "en enfrentamiento" con XML, no es poco común ver tanto JSON como XML siendo usados en la misma aplicación. Por ejemplo, una aplicación en el lado cliente la cual integra datos del Google Maps con datos atmosféricos a través de SOAP, requiere soporte para ambos formatos de datos.

Existe un creciente soporte para JSON a través del uso de pequeños paquetes de terceros. La lista de lenguajes soportados incluyen ActionScript, C/C++, C#, ColdFusion, Java, JavaScript, OCaml, Perl, PHP, ASP 3.0, Python, Rebol, Ruby, Luna, Progress.

Ejemplo de un Objeto JSON:

```
{ "Alumno" : [
      { "nombre": "Juan", "notas": [ 6, 9, 7 ] },
      { "nombre": "María", "notas": [ 5, 9, 7 ] },
      { "nombre": "Luis", "notas": [ 10, 9, 9 ] }
   ]
}
```

En diciembre de 2005, Yahoo! comenzó a soportar JSON como una opción para algunos de sus servicios Web.

JSON está constituido en dos estructuras:

- Una colección de pares nombre/valor. En varios lenguajes, es decir caracterizado como un object, record, struct, diccionario, hash table, keyed list, o arrays asociativos.
- Una lista ordenada de valores. En la mayoría de los lenguajes, es decir caracterizado como una array, vector, lista o secuencia.

Estas son estructuras de datos universales. Virtualmente todos los lenguajes de programación modernos los soportan, de una forma o de otra. Es aceptable que un formato de cambio de datos que sea independiente del lenguaje de programación se base en estas estructuras.

En JSON, los datos son presentados de esta forma:

Un objeto es un conjunto desordenado de pares nombre/valor. Un objeto comienza

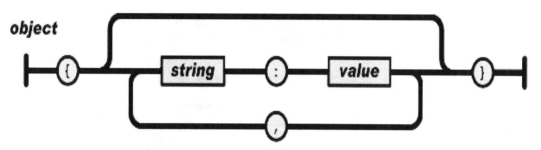

Una array es una colección de valores ordenados. El array comienza con [(corchete de apertura) y termina con] (corchete de cierre). Los valores son separados por , (comas).

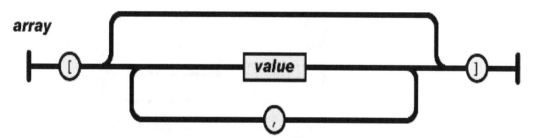

Un valor (value, en la imagen arriba) puede ser una cadena de caracteres (string), o un número, o true o false, o null, o un objeto o una array. Estas estructuras pueden estar anidadas.

value

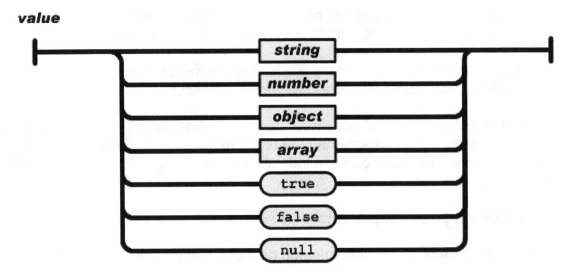

Una string es una colección de uno o más caracteres Unicode, envuelto entre aspas dobles usando barras invertidas como carácter de escape. Un carácter está representando como un simple carácter de string. Una cadena de caracteres es parecida a una cadena de caracteres en C o Java.

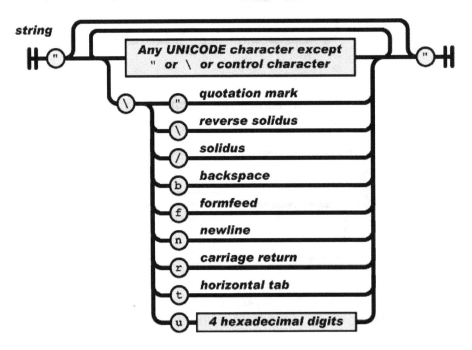

Un número es similar a un número en C o Java, excepto que no se usan los números octales o hexadecimales.

number

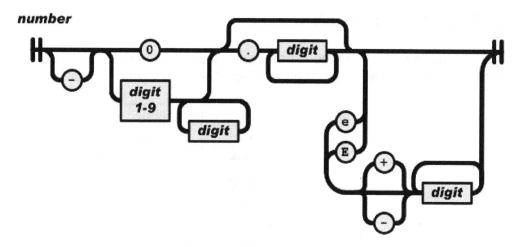

Los espacios en blanco pueden ser insertados en cualqueir parte de los símbolos.

PALABRAS RESERVADAS

Existen varias palabras que son reservadas para Javascript, las cuales son listadas de abajo. Estas palabras no pueden ser utilizadas para identificar variables ni funciones:

abstract	float	public
boolean	for	return
break	function	short
byte	goto	static
case	if	super
cath	implements	switch
char	import	sinchronized
class	in	this
const	instanceof	throw
continue	int	throws
default	interface	transient
do	long	true
double	native	try
else	new	var
extends	null	void
false	package	while
final	private	with
finally	protected	

DEBUGGING

En JavaScript fue introducido un par de funciones muy útil para cuestiones de debugging o corrección de errores en programas.

Se trata de los métodos:

watch()

unwatch()

Estos métodos se aplican a un determinado objeto y permiten que se fuerce la ejecución de una determinada función cuando algo sucede. El watch() acepta como argumentos el nombre de la propiedad a ser observada, al igual que el nombre de la función a ser ejecutada cuando la propiedad en causa cambiar.

El unwatch() se llama para desconectar el efecto de debugging y cancelar el efecto del watch().

```html
<html>

<head>

<script language = "JavaScript">

function var_cambio() {

  alert("La Variable X ha sido modificada ");

}

</script>

</head>


<body>

<script language = "JavaScript">

var x=0;

watch('x', var_cambio);

x=1;

unwatch();

</script>
```

```
</body>

</html>
```

El watch() se aplica en este caso a la variable "x", definiéndose la función
"var_cambio()" como gestora del evento de cambio de la variable.

En este caso, la línea "x=1;" provoca la modificación de la variable x y, por lo tanto, la
ejecución del código constante de la función var_cambio().

Lo mismo ocurriría aunque el valor de la variable no hubiera sido modificada, pero
desde que hubiera sido hecha una nueva atribución a su valor (por ejemplo: x=0).

BIBLIOGRAFÍA

Para la realización de este libro se han leído, consultado y contrastado información con las siguientes fuentes de información:

Libros

JavaScript: The Definitive Guide, de David Flanagan.
Professional JavaScript for Web Developers (Wrox Programmer to Programmer), de Nicholas C. Zakas.
JavaScript: The Good Parts, de Douglas Crockford

Artículos

The A-Z of Programming Languages: JavaScript, de Naomi Hamilton
Object detection, de Peter-Paul Koch
Mission Impossible - mouse position, de Peter-Paul Koch
Browser detect, de Peter-Paul Koch
Creating Accessible JavaScript, de WebAIM.

Páginas Web

http://es.wikipedia.org
http://developer.mozilla.org

Autor: Miguel A. Arias
ISBN: 978-1492278009